Bilingual Tales: French Short Stories for Language Learners

Teakle

Published by Teakle, 2023.

While every precaution has been taken in the preparation of this book, the publisher assumes no responsibility for errors or omissions, or for damages resulting from the use of the information contained herein.

BILINGUAL TALES: FRENCH SHORT STORIES FOR LANGUAGE LEARNERS

First edition. June 10, 2023.

Copyright © 2023 Teakle.

ISBN: 979-8223721734

Written by Teakle.

Table of Contents

Introduction

Welcome to "Bilingual Tales: French Short Stories for Language Learners," a captivating collection designed to ignite your passion for language learning while immersing you in the beauty of the French language. Whether you're a beginner embarking on your language learning journey or an experienced learner seeking to expand your skills, this book offers a unique and enjoyable approach to mastering French.

Within these pages, you'll find a treasure trove of carefully selected short stories, each crafted to engage and entertain readers of all ages and language levels.

What sets this collection apart is the parallel text format, which provides the original French text alongside an English translation. This layout allows you to fully immerse yourself in the stories while simultaneously building your language skills. By following the narrative in both languages, you'll develop your vocabulary, improve your comprehension, and gain a deeper understanding of French grammar and syntax.

"Bilingual Tales" is not just a language learning resource; it's an invitation to embark on an adventure of discovery. Immerse yourself in the richness of the French language, explore captivating narratives, and unlock the door to a world of linguistic and cultural understanding.

So, grab a cozy seat, turn the pages, and let the magic of "Bilingual Tales" transport you to the heart of the French-speaking world. Let the stories inspire you, challenge you, and ignite your love for language as you embark on an unforgettable journey towards mastering French.

Les aventures de Petit Lapin - The Adventures of Little Rabbit

Once upon a time, there was a little rabbit named Little Rabbit. He lived in a cozy burrow with his family. Every day, Little Rabbit would hop around the meadow, exploring and playing with his friends.

Il était une fois, il y avait un petit lapin nommé Petit Lapin. Il vivait dans un terrier douillet avec sa famille. Chaque jour, Petit Lapin sautait dans la prairie, explorant et jouant avec ses amis.

One sunny morning, as Little Rabbit hopped through the tall grass, he stumbled upon a mysterious hole. Curiosity sparked in his eyes, and he decided to venture inside.

Un matin ensoleillé, alors que Petit Lapin sautillait à travers l'herbe haute, il trébucha sur un trou mystérieux. La curiosité s'alluma dans ses yeux, et il décida de s'aventurer à l'intérieur.

Inside the hole, Little Rabbit discovered a secret tunnel that led to an enchanted forest. The trees stood tall, and the air was filled with the sweet scent of flowers. He couldn't believe his luck!

À l'intérieur du trou, Petit Lapin découvrit un tunnel secret qui menait à une forêt enchantée. Les arbres se dressaient haut, et l'air était rempli du doux parfum des fleurs. Il ne pouvait pas croire sa chance !

As he hopped along the forest path, Little Rabbit met a wise old owl named Hoot. Hoot had seen many things in the forest and offered to be Little Rabbit's guide.

Alors qu'il sautillait le long du chemin de la forêt, Petit Lapin rencontra une vieille chouette sage nommée Hulotte. Hulotte avait vu beaucoup de choses dans la forêt et proposa d'être le guide de Petit Lapin.

Together, they explored the magical forest, encountering friendly squirrels, graceful deer, and playful butterflies. The sights and sounds amazed Little Rabbit, filling his heart with joy.

Ensemble, ils explorèrent la forêt magique, rencontrant des écureuils amicaux, des cerfs gracieux et des papillons joueurs. Les vues et les sons émerveillèrent Petit Lapin, remplissant son cœur de joie.

But as the sun began to set, Little Rabbit realized he had to return home. Hoot guided him back through the secret tunnel, and Little Rabbit emerged to find his worried family waiting for him.

Mais alors que le soleil commençait à se coucher, Petit Lapin réalisa qu'il devait rentrer chez lui. Hulotte le guida à travers le tunnel secret, et Petit Lapin apparut pour trouver sa famille inquiète qui l'attendait.

With a hop and a skip, Little Rabbit rejoiced in sharing his incredible adventure with his family. From that day on, he treasured the memories of the enchanted forest and the friends he made.

D'un saut et d'un bond, Petit Lapin se réjouit de partager son incroyable aventure avec sa famille. À partir de ce jour-là, il chérissait les souvenirs de la forêt enchantée et des amis qu'il s'était fait.

And so, Little Rabbit's days were filled with more excitement and exploration, both in his own meadow and in the enchanting world beyond the secret tunnel.

Et ainsi, les jours de Petit Lapin furent remplis de plus d'excitation et d'exploration, à la fois dans sa propre prairie et dans le monde enchanteur au-delà du tunnel secret.

Le Petit Écureuil Curieux - The Curious Little Squirrel

Once upon a time, in a lush forest, there lived a curious little squirrel named Little Squirrel. He had soft, reddish fur and a fluffy tail that he loved to twirl around as he hopped from tree to tree.

Il était une fois, dans une forêt luxuriante, vivait un petit écureuil curieux nommé Petit Écureuil. Il avait une fourrure douce et rousse ainsi qu'une queue moelleuse qu'il aimait tournoyer en sautant d'arbre en arbre.

Little Squirrel spent his days exploring the forest, hopping from branch to branch, and gathering acorns. But he always wondered what lay beyond the tall trees that surrounded his home.

Petit Écureuil passait ses journées à explorer la forêt, sautant de branche en branche et ramassant des glands. Mais il se demandait toujours ce qui se trouvait au-delà des grands arbres qui entouraient sa maison.

One day, unable to contain his curiosity any longer, Little Squirrel decided to venture into the unknown. He left his cozy nest and set off on an exciting adventure.

Un jour, ne pouvant plus contenir sa curiosité, Petit Écureuil décida de s'aventurer dans l'inconnu. Il quitta son nid douillet et se lança dans une aventure passionnante.

As he hopped along a narrow path, Little Squirrel discovered a sparkling stream. The water glistened in the sunlight, and he couldn't resist taking a sip.

En sautillant le long d'un sentier étroit, Petit Écureuil découvrit un ruisseau étincelant. L'eau scintillait au soleil, et il ne put résister à prendre une gorgée.

Refreshed, Little Squirrel continued his journey and stumbled upon a field of colorful flowers. Their vibrant petals swayed in the gentle breeze, filling the air with a delightful fragrance.

Revigoré, Petit Écureuil poursuivit son voyage et tomba sur un champ de fleurs colorées. Leurs pétales vibrants se balançaient dans la brise légère, emplissant l'air d'un parfum délicieux.

As he frolicked among the flowers, Little Squirrel noticed a family of birds chirping happily in their nest. Their melodious songs filled his heart with joy.

Alors qu'il se prélassait parmi les fleurs, Petit Écureuil remarqua une famille d'oiseaux chantant joyeusement dans leur nid. Leurs mélodies remplirent son cœur de joie.

As the day turned into evening, Little Squirrel decided it was time to return home. He hopped back through the forest, his mind buzzing with the wonders he had seen.

Alors que la journée se transformait en soirée, Petit Écureuil décida qu'il était temps de rentrer chez lui. Il sauta de retour à travers la forêt, l'esprit bourdonnant des merveilles qu'il avait vues.

Back in his cozy nest, Little Squirrel shared his incredible adventure with his squirrel friends. They listened intently, their eyes wide with wonder.

De retour dans son nid douillet, Petit Écureuil partagea son incroyable aventure avec ses amis écureuils. Ils écoutèrent attentivement, les yeux grands ouverts d'émerveillement.

From that day on, Little Squirrel continued to explore the forest, but with a newfound appreciation for the wonders that lay just beyond his home. And he always carried his curiosity with him, ready for the next exciting adventure.

À partir de ce jour-là, Petit Écureuil continua à explorer la forêt, mais avec une nouvelle appréciation des merveilles qui se trouvaient juste au-delà de son foyer. Et il garda toujours sa curiosité avec lui, prêt pour la prochaine aventure excitante.

L'Oisillon Égaré - The Lost Chick

Once upon a time, in a peaceful farmyard, a little chick named Oisillon lived with his loving family. Oisillon was the youngest of the brood, and its feathers were still fluffy and soft.

Il était une fois, dans une ferme paisible, un petit poussin nommé Oisillon vivait avec sa famille aimante. Oisillon était le plus jeune de la couvée, et ses plumes étaient encore duveteuses et douces.

One sunny morning, while exploring the farm, Oisillon wandered away from its siblings and got lost. He found himself in a vast field, filled with tall grass and colorful wildflowers.

Un matin ensoleillé, tandis qu'il explorait la ferme, Oisillon s'éloigna de ses frères et sœurs et se perdit. Il se retrouva dans un vaste champ, rempli d'herbes hautes et de fleurs sauvages colorées.

Feeling scared and alone, Oisillon started chirping for help. His little voice echoed through the meadow, catching the attention of a wise old hen named Henriette.

Se sentant effrayé et seul, Oisillon commença à pépier pour demander de l'aide. Sa petite voix résonna à travers la prairie, attirant l'attention d'une vieille poule sage nommée Henriette.

Henriette followed the sound and found Oisillon, trembling in the tall grass. With gentle clucks, Henriette comforted the lost chick and promised to help it find his way back home.

Henriette suivit le son et trouva Oisillon, tremblant dans les hautes herbes. Avec de doux gloussements, Henriette réconforta le poussin perdu et promit de l'aider à retrouver son chemin vers la maison.

Together, they embarked on a journey, crossing streams and climbing hills, in search of the familiar sights and sounds of the farmyard.

Ensemble, ils se lancèrent dans un voyage, traversant des ruisseaux et grimpant des collines, à la recherche des vues et des sons familiers de la ferme.

During their adventure, Oisillon met friendly farm animals who offered guidance and encouragement along the way. A wise old goat shared stories of her own misadventures, teaching Oisillon valuable lessons about perseverance and courage.

Pendant leur aventure, Oisillon rencontra des animaux de ferme amicaux qui offraient des conseils et des encouragements en chemin. Une vieille chèvre sage partagea des histoires de ses propres mésaventures, enseignant à Oisillon des leçons précieuses sur la persévérance et le courage.

Finally, after what felt like an endless journey, Oisillon and Henriette arrived back at the farmyard. The familiar sights and sounds brought a wave of relief and joy to their hearts.

Enfin, après un voyage qui semblait sans fin, Oisillon et Henriette arrivèrent à la ferme. Les vues et les sons familiers apportèrent une vague de soulagement et de joie à leurs cœurs.

Oisillon's family, worried and overjoyed at the same time, welcomed him back with open wings. They gathered around, sharing tales of their own adventures and celebrating the safe return of the lost chick.

La famille d'Oisillon, inquiète et joyeuse en même temps, l'accueillit à bras ouverts. Ils se rassemblèrent, partageant leurs propres histoires d'aventures et célébrant le retour sain et sauf du poussin perdu.

From that day on, Oisillon never strayed far from his family again. He learned the importance of staying close and embracing the love and support of those who cared for him.

À partir de ce jour-là, Oisillon ne s'éloigna plus jamais beaucoup de sa famille. Il apprit l'importance de rester près d'eux et d'accepter l'amour et le soutien de ceux qui se souciaient de lui.

Le Petit Poisson Aventurier - The Adventurous Little Fish

Once upon a time, in a vast ocean, there lived a small and curious fish named Little Fish. He had shiny, silver scales that sparkled under the sunlight. Little Fish loved to explore and discover new things.

Il était une fois, dans un vaste océan, vivait un petit poisson curieux nommé Petit Poisson. Il avait des écailles argentées qui scintillaient sous la lumière du soleil. Petit Poisson aimait explorer et découvrir de nouvelles choses.

One day, while swimming near the coral reef, Little Fish noticed a hidden tunnel leading into a mysterious cave. His eyes lit up with excitement, and he couldn't resist the temptation to swim inside.

Un jour, alors qu'il nageait près du récif corallien, Petit Poisson remarqua un tunnel caché menant à une grotte mystérieuse. Ses yeux s'illuminèrent d'excitation, et il ne put résister à la tentation de nager à l'intérieur.

Inside the cave, Little Fish discovered a whole new world. The walls were adorned with vibrant corals, and colorful fish swam gracefully around him. It was like swimming in a painting!

À l'intérieur de la grotte, Petit Poisson découvrit un tout nouveau monde. Les murs étaient ornés de coraux vibrants, et des poissons colorés nageaient gracieusement autour de lui. C'était comme nager dans une peinture !

Little Fish made new friends in the cave, including a wise old sea turtle named Turtell. Turtell had traveled the vast ocean and shared fascinating stories of faraway lands.

Petit Poisson se fit de nouveaux amis dans la grotte, y compris une vieille tortue de mer sage nommée Turtell. Turtell avait parcouru l'océan vaste et partageait des histoires fascinantes de terres lointaines.

With Turtell as his guide, Little Fish explored deeper into the cave, discovering hidden treasures and secret passages. They swam through narrow tunnels, marveling at the underwater wonders.

Avec Turtell comme guide, Petit Poisson s'aventura plus profondément dans la grotte, découvrant des trésors cachés et des passages secrets. Ils nageaient à travers des tunnels étroits, s'émerveillant des merveilles sous-marines.

But as the days went by, Little Fish started missing his family and the familiar ocean outside the cave. He realized that it was time to return home.

Mais au fil des jours, Petit Poisson commença à s'ennuyer de sa famille et de l'océan familier à l'extérieur de la grotte. Il réalisa qu'il était temps de rentrer chez lui.

With a heavy heart, Little Fish bid farewell to his new friends and swam back through the tunnel, retracing his journey.

Le cœur lourd, Petit Poisson dit au revoir à ses nouveaux amis et nagea à travers le tunnel, reprenant son chemin.

When he emerged from the cave, Little Fish was greeted by his worried family, who had been searching for him. They embraced him with love and relief.

Lorsqu'il émergea de la grotte, Petit Poisson fut accueilli par sa famille inquiète, qui l'avait cherché. Ils l'enlacèrent avec amour et soulagement.

Little Fish shared tales of his adventurous journey and the magical cave he had discovered. His family listened in awe, proud of their brave little fish.

Petit Poisson partagea des récits de son voyage aventureux et de la grotte magique qu'il avait découverte. Sa famille écouta avec émerveillement, fière de leur petit poisson courageux.

From that day on, Little Fish continued to explore the ocean, but he always stayed close to his family. He knew that true adventures were even more special when shared with loved ones.

À partir de ce jour-là, Petit Poisson continua à explorer l'océan, mais il resta toujours près de sa famille. Il savait que les véritables aventures étaient encore plus spéciales lorsqu'elles étaient partagées avec ceux qu'il aimait.

Le Petit Éléphant Courageux - The Brave Little Elephant

Once upon a time, in the heart of the African savannah, there lived a young elephant named Little Elephant. He had a gentle spirit and a curious mind, always eager to explore the wonders of his vast surroundings.

Il était une fois, au cœur de la savane africaine, vivait un jeune éléphant nommé Petit Éléphant. Il avait un esprit doux et une curiosité débordante, toujours désireux d'explorer les merveilles de son vaste environnement.

One sunny day, while playing near a watering hole, Little Elephant noticed a group of animals gathered together, their worried faces reflecting in the shimmering water. Curiosity piqued, he approached them to find out what was wrong.

Un jour ensoleillé, alors qu'il jouait près d'un point d'eau, Petit Éléphant remarqua un groupe d'animaux rassemblés, leurs visages inquiets se reflétant dans l'eau scintillante. Sa curiosité éveillée, il s'approcha d'eux pour découvrir ce qui n'allait pas.

The animals explained that their beloved leader, the Lion King, was gravely ill. Without his guidance and protection, the harmony of the savannah was in jeopardy.

Les animaux expliquèrent que leur cher leader, le Roi Lion, était gravement malade. Sans sa guidance et sa protection, l'harmonie de la savane était en péril.

Filled with compassion and determination, Little Elephant decided to embark on a courageous journey to find a legendary healing herb rumored to have miraculous properties.

Rempli de compassion et de détermination, Petit Éléphant décida de se lancer dans un voyage courageux pour trouver une herbe médicinale légendaire réputée pour ses propriétés miraculeuses.

Through dense forests, across vast plains, and over towering mountains, Little Elephant traveled, overcoming obstacles and facing his fears. Along the way, he encountered wise old tortoises, graceful antelopes, and mischievous monkeys who offered guidance and friendship.

À travers des forêts denses, sur de vastes plaines et par-dessus des montagnes imposantes, Petit Éléphant voyagea, surmontant les obstacles et affrontant ses peurs. En chemin, il rencontra de sages vieilles tortues, des antilopes gracieuses et des singes espiègles qui lui offrirent conseils et amitié.

Finally, after days of relentless searching, Little Elephant discovered the sacred healing herb. With great care, he plucked a leaf and cradled it gently in his trunk, knowing it held the key to the Lion King's recovery.

Enfin, après des jours de recherche incessante, Petit Éléphant découvrit l'herbe médicinale sacrée. Avec beaucoup de précaution, il cueillit une feuille et la porta délicatement dans sa trompe, sachant qu'elle détenait la clé du rétablissement du Roi Lion.

Returning to the savannah, Little Elephant presented the healing herb to the Lion King's loyal subjects. They prepared a remedy and administered it to their ailing leader, hoping for a miracle.

De retour dans la savane, Petit Éléphant présenta l'herbe médicinale aux sujets loyaux du Roi Lion. Ils préparèrent un remède et l'administrèrent à leur chef malade, espérant un miracle.

Days turned into weeks, and Little Elephant anxiously awaited news of the Lion King's recovery. Finally, a joyous celebration filled the air when word spread that the Lion King had regained his strength and was ready to resume his role as the protector of the savannah.

Les jours se transformèrent en semaines, et Petit Éléphant attendait avec anxiété des nouvelles du rétablissement du Roi Lion. Enfin, une joyeuse célébration emplit l'air lorsque la nouvelle se répandit que le Roi Lion avait retrouvé sa force et était prêt à reprendre son rôle de protecteur de la savane.

The Lion King expressed his deepest gratitude to Little Elephant, declaring him a hero of the savannah. The animals gathered around Little Elephant, showering him with admiration and praise.

Le Roi Lion exprima sa gratitude la plus profonde à Petit Éléphant, le déclarant héros de la savane. Les animaux s'assemblèrent autour de Petit Éléphant, le couvrant d'admiration et d'éloges.

From that day on, Little Elephant was known and loved by all. His courage and selflessness inspired other young animals to be brave and help those in need, ensuring that the spirit of unity and compassion thrived in the African savannah.

À partir de ce jour-là, Petit Éléphant fut connu et aimé de tous. Son courage et son altruisme inspirèrent d'autres jeunes animaux à être courageux et à aider ceux qui en avaient besoin, garantissant que l'esprit d'unité et de compassion prospérait dans la savane africaine.

Le Petit Magicien et l'Étoile Brillante - The Little Magician and the Shining Star

---

Once upon a time, in a cozy village nestled among rolling hills, there lived a young boy named Antoine. Antoine had a heart full of wonder and a deep love for magic. He dreamt of becoming a great magician one day.

Il était une fois, dans un village douillet niché au creux de collines vallonnées, vivait un jeune garçon nommé Antoine. Antoine avait un cœur rempli d'émerveillement et un amour profond pour la magie. Il rêvait de devenir un grand magicien un jour.

One starry night, as Antoine gazed up at the sky, he noticed a particularly bright and twinkling star. It seemed to call out to him, inviting him on an extraordinary adventure.

Une nuit étoilée, alors qu'Antoine contemplait le ciel, il remarqua une étoile particulièrement brillante et scintillante. Elle semblait l'appeler, l'invitant à vivre une aventure extraordinaire.

With a heart full of excitement, Antoine decided to follow the star. He packed his magic wand, a deck of cards, and a hat filled with tricks and set off into the night.

Avec un cœur rempli d'excitation, Antoine décida de suivre l'étoile. Il prit sa baguette magique, un jeu de cartes et un chapeau rempli de tours et se mit en route dans la nuit.

As Antoine journeyed through enchanted forests and crossed babbling brooks, he encountered magical creatures that offered guidance along the way. A wise old owl shared riddles, and mischievous fairies taught him spells.

Alors qu'Antoine parcourait des forêts enchantées et traversait des ruisseaux babillants, il rencontra des créatures magiques qui lui offrirent des conseils en chemin. Une vieille chouette sage lui soumit des énigmes, et des fées espiègles lui enseignèrent des sorts.

Finally, after days of travel, Antoine reached a clearing where the shining star hovered above a magical portal. With a flick of his wand, Antoine opened the portal and stepped into a breathtaking realm filled with wonder and enchantment.

Enfin, après plusieurs jours de voyage, Antoine arriva dans une clairière où l'étoile brillante flottait au-dessus d'un portail magique. D'un geste de sa baguette, Antoine ouvrit le portail et pénétra dans un royaume à couper le souffle, rempli d'émerveillement et d'enchantement.

In this realm, Antoine met the Star Guardian, a wise and kind figure who revealed that the star held the power to grant a single wish. Antoine thought long and hard about what he truly desired.

Dans ce royaume, Antoine rencontra le Gardien des Étoiles, une figure sage et bienveillante qui révéla que l'étoile avait le pouvoir d'exaucer un seul vœu. Antoine réfléchit longuement à ce qu'il désirait vraiment.

With a smile, Antoine wished for the power to bring joy and wonder to others through his magic. The shining star granted his wish, infusing him with a magical aura that glowed brightly.

Avec un sourire, Antoine souhaita avoir le pouvoir d'apporter joie et émerveillement aux autres grâce à sa magie. L'étoile brillante exauça son vœu, l'emplissant d'une aura magique qui brillait intensément.

Filled with newfound magic, Antoine returned to his village and amazed the townsfolk with his incredible tricks and illusions. Laughter and applause filled the air as Antoine brought smiles to young and old alike.

Rempli de sa nouvelle magie, Antoine retourna dans son village et émerveilla les habitants avec ses incroyables tours et illusions. Les rires et les applaudissements emplirent l'air alors qu'Antoine faisait sourire petits et grands.

Word of the little magician's talents spread far and wide, attracting people from distant lands who longed to witness his enchanting performances. Antoine's dream of becoming a great magician had come true.

La renommée du petit magicien se répandit loin à la ronde, attirant des personnes de contrées lointaines qui souhaitaient assister à ses spectacles envoûtants. Le rêve d'Antoine de devenir un grand magicien était devenu réalité.

But deep in his heart, Antoine knew that the true magic came from the joy he brought to others. The shining star in the sky served as a reminder of the extraordinary journey that had shaped him into the kind and talented magician he had become.

Mais au fond de son cœur, Antoine savait que la vraie magie venait de la joie qu'il apportait aux autres. L'étoile brillante dans le ciel servait de rappel du voyage extraordinaire qui l'avait transformé en un magicien gentil et talentueux.

And so, Antoine continued to share his magic, spreading wonder and happiness wherever he went. The little magician and the shining star became symbols of hope and the power of dreams.

Et ainsi, Antoine continua à partager sa magie, répandant l'émerveillement et le bonheur partout où il allait. Le petit magicien et l'étoile brillante devinrent des symboles d'espoir et de la puissance des rêves.

Le Petit Jardinier et les Fleurs Magiques - The Little Gardener and the Magical Flowers

---

Once upon a time, in a small village surrounded by lush green fields, lived a young boy named Pierre. Pierre had a deep love for nature and spent most of his days exploring the wonders of the outdoors.

Il était une fois, dans un petit village entouré de champs verdoyants, vivait un jeune garçon nommé Pierre. Pierre avait un amour profond pour la nature et passait la plupart de ses journées à explorer les merveilles du plein air.

Pierre had a special talent for gardening. With his small shovel and watering can, he nurtured plants and flowers with care and tenderness. His garden bloomed with vibrant colors, attracting butterflies and birds from miles around.

Pierre avait un talent particulier pour le jardinage. Avec sa petite pelle et son arrosoir, il choyait les plantes et les fleurs avec soin et tendresse. Son jardin était épanoui de couleurs vibrantes, attirant les papillons et les oiseaux de plusieurs kilomètres à la ronde.

One sunny morning, as Pierre tended to his garden, he discovered something extraordinary. Amongst the usual flowers, there were a few tiny, shimmering seeds that sparkled in the sunlight. Intrigued, Pierre carefully planted them in a special corner of his garden.

Un matin ensoleillé, alors que Pierre s'occupait de son jardin, il découvrit quelque chose d'extraordinaire. Parmi les fleurs habituelles, il y avait quelques petites graines scintillantes qui brillaient au soleil. Intrigué, Pierre les planta avec précaution dans un coin spécial de son jardin.

Weeks passed, and Pierre's garden flourished with beauty. But one night, a magical event unfolded. The shimmering seeds sprouted into magnificent flowers that glowed in different colors under the moonlight.

Les semaines passèrent et le jardin de Pierre prospéra avec beauté. Mais une nuit, un événement magique se produisit. Les graines scintillantes donnèrent naissance à des fleurs magnifiques qui brillaient de différentes couleurs sous la lueur de la lune.

Each flower possessed a unique power. The red flower granted courage, the blue flower brought serenity, the yellow flower bestowed happiness, and the purple flower spread kindness. Pierre was in awe of the enchanting flowers he had nurtured.

Chaque fleur possédait un pouvoir unique. La fleur rouge conférait du courage, la fleur bleue apportait la sérénité, la fleur jaune accordait le bonheur, et la fleur violette répandait la gentillesse. Pierre était émerveillé par les fleurs enchanteresses qu'il avait cultivées.

Realizing the magical potential of his garden, Pierre decided to share the flowers' powers with the people of his village. He carefully picked a few blossoms and created small bouquets to distribute.

Se rendant compte du potentiel magique de son jardin, Pierre décida de partager les pouvoirs des fleurs avec les habitants de son village. Il cueillit soigneusement quelques fleurs et créa de petits bouquets à distribuer.

As the villagers received the bouquets, they experienced a positive transformation. Courage replaced fear, serenity calmed their hearts, happiness brightened their days, and kindness spread throughout the community.

À mesure que les habitants du village recevaient les bouquets, ils connaissaient une transformation positive. Le courage remplaça la peur, la sérénité apaisa leurs cœurs, le bonheur éclaira leurs journées et la gentillesse se répandit dans toute la communauté.

Word of Pierre's magical flowers spread far and wide. People from neighboring villages flocked to witness the incredible power of the blossoms. Pierre became known as the Little Gardener with the gift of enchantment.

La nouvelle des fleurs magiques de Pierre se répandit loin à la ronde. Les gens des villages voisins se pressèrent pour contempler l'incroyable pouvoir des fleurs. Pierre devint connu comme le Petit Jardinier au don d'enchantement.

But Pierre knew that the true magic lay not just in the flowers themselves but in the hearts of those who embraced their powers. The villagers learned to cultivate courage, serenity, happiness, and kindness within themselves, creating a community filled with love and harmony.

Mais Pierre savait que la vraie magie ne résidait pas seulement dans les fleurs elles-mêmes, mais dans les cœurs de ceux qui embrassaient leurs pouvoirs. Les habitants apprirent à cultiver le courage, la sérénité, le bonheur et la gentillesse en eux, créant une communauté remplie d'amour et d'harmonie.

Le Petit Explorateur et le Trésor Caché - The Little Explorer and the Hidden Treasure

Once upon a time, in a small village nestled at the foot of a majestic mountain range, lived a curious and adventurous boy named Lucas. Lucas had a passion for exploration and a heart filled with wanderlust.

Il était une fois, dans un petit village niché au pied d'une majestueuse chaîne de montagnes, vivait un garçon curieux et aventurier du nom de Lucas. Lucas avait une passion pour l'exploration et un cœur rempli de soif d'aventure.

Every day, Lucas would set out on new expeditions, eager to discover hidden treasures and uncover the mysteries of the world. With his trusty map and a backpack filled with essentials, he embarked on his latest adventure.

Chaque jour, Lucas partait pour de nouvelles expéditions, avide de découvrir des trésors cachés et de percer les mystères du monde. Avec sa carte fidèle et un sac à dos rempli d'essentiels, il se lançait dans sa dernière aventure.

One fateful morning, as Lucas trekked through dense forests and crossed roaring rivers, he stumbled upon an ancient scroll. The scroll depicted a map leading to a legendary treasure hidden deep within the heart of the forbidden jungle.

Un matin fatidique, alors que Lucas traversait des forêts denses et franchissait des rivières tumultueuses, il tomba sur un parchemin ancien. Le parchemin représentait une carte menant à un trésor légendaire caché au cœur de la jungle interdite.

Excitement coursed through Lucas' veins as he followed the map's intricate markings. He braved treacherous terrains, faced wild creatures, and overcame countless obstacles in his quest for the hidden treasure.

L'excitation parcourut les veines de Lucas alors qu'il suivait les marques complexes de la carte. Il affronta des terrains périlleux, fit face à des créatures sauvages et surmonta d'innombrables obstacles dans sa quête du trésor caché.

After days of tireless exploration, Lucas reached a magnificent waterfall, its cascading waters shimmering under the sunlight. As he ventured closer, he noticed a secret passage hidden behind the curtain of water.

Après plusieurs jours d'exploration infatigable, Lucas arriva à une magnifique cascade, ses eaux ruisselantes scintillant sous la lumière du soleil. Alors qu'il s'approchait, il remarqua un passage secret dissimulé derrière le rideau d'eau.

With a leap of faith, Lucas entered the hidden passage, his heart pounding with anticipation. Inside, he discovered a breathtaking underground cavern filled with glittering gems and golden artifacts. He had found the long-lost treasure!

Avec un saut de foi, Lucas pénétra dans le passage caché, son cœur battant d'anticipation. À l'intérieur, il découvrit une grotte souterraine à couper le souffle remplie de pierres précieuses scintillantes et d'artefacts en or. Il avait trouvé le trésor perdu depuis longtemps !

But as Lucas held the treasure in his hands, a realization dawned upon him. The true treasure was not the material wealth but the incredible journey he had undertaken, the knowledge he had gained, and the memories he had created along the way.

Mais alors que Lucas tenait le trésor entre ses mains, une réalisation s'imposa à lui. Le véritable trésor n'était pas la richesse matérielle, mais l'incroyable voyage qu'il avait entrepris, les connaissances qu'il avait acquises et les souvenirs qu'il avait créés en chemin.

With a grateful heart, Lucas left the treasure behind, knowing that the real riches were the experiences and discoveries that could never be taken away from him. He returned to his village, sharing tales of his adventure and inspiring others to embark on their own journeys of exploration.

Avec un cœur reconnaissant, Lucas laissa le trésor derrière lui, sachant que les vraies richesses étaient les expériences et les découvertes qui ne pourraient jamais lui être enlevées. Il retourna dans son village, partageant des récits de son aventure et inspirant les autres à se lancer dans leurs propres voyages d'exploration.

Le Petit Artiste et la Toile Magique - The Little Artist and the Magical Canvas

---

Once upon a time, in a quaint village nestled by a sparkling river, lived a young boy named Gabriel. Gabriel had a passion for art that burned brightly within him. With his paintbrush in hand and colors in his heart, he saw the world as his canvas.

Il était une fois, dans un charmant village niché près d'une rivière étincelante, vivait un jeune garçon nommé Gabriel. Gabriel avait une passion pour l'art qui brûlait intensément en lui. Avec son pinceau en main et des couleurs dans le cœur, il voyait le monde comme sa toile.

Gabriel would spend hours in the meadow, capturing the beauty of nature on his canvas. Every stroke of his brush reflected the magic he felt inside, bringing his art to life.

Gabriel passait des heures dans la prairie, capturant la beauté de la nature sur sa toile. Chaque coup de pinceau reflétait la magie qu'il ressentait en lui, donnant vie à son art.

One day, while exploring an old attic, Gabriel stumbled upon a dusty, forgotten canvas. Intrigued, he wiped away the grime and noticed a shimmering glow beneath the surface.

Un jour, alors qu'il explorait un vieux grenier, Gabriel tomba sur une toile poussiéreuse et oubliée. Intrigué, il essuya la crasse et remarqua un éclat scintillant sous la surface.

As Gabriel picked up his brush and painted on the canvas, something extraordinary happened. The colors on the canvas came alive, forming images that seemed to dance and move with a life of their own.

Alors que Gabriel prit son pinceau et peignit sur la toile, quelque chose d'extraordinaire se produisit. Les couleurs sur la toile s'animaient, formant des images qui semblaient danser et bouger avec une vie propre.

Gabriel's artwork became a portal to another realm, a world where imagination reigned supreme. With each stroke of his brush, he created a vibrant universe filled with creatures, landscapes, and endless possibilities.

L'art de Gabriel devint un portail vers un autre monde, un monde où l'imagination régnait en maître. À chaque coup de pinceau, il créait un univers vibrant rempli de créatures, de paysages et de possibilités infinies.

Word of Gabriel's magical talent spread, and people from far and wide marveled at his extraordinary artwork. They were captivated by the stories his paintings told, the emotions they evoked, and the sense of wonder they ignited.

La nouvelle du talent magique de Gabriel se répandit, et les gens de loin étaient émerveillés par son art extraordinaire. Ils étaient captivés par les histoires racontées par ses tableaux, les émotions qu'ils évoquaient et le sentiment d'émerveillement qu'ils suscitaient.

But Gabriel knew that the true magic was not in the canvas itself, but in the way it touched the hearts and sparked the imagination of those who beheld it. His art became a bridge between worlds, connecting people through the power of creativity and expression.

Mais Gabriel savait que la vraie magie ne résidait pas dans la toile elle-même, mais dans la façon dont elle touchait les cœurs et éveillait l'imagination de ceux qui la contemplaient. Son art devint un pont entre les mondes, reliant les gens par le pouvoir de la créativité et de l'expression.

And so, Gabriel continued to paint, sharing his magical canvases with the world. His art inspired others to embrace their own creativity, to see the beauty in everyday moments, and to believe in the limitless possibilities that art could bring.

Et ainsi, Gabriel continua de peindre, partageant ses toiles magiques avec le monde. Son art inspira les autres à embrasser leur propre créativité, à voir la beauté dans les moments quotidiens et à croire aux possibilités illimitées que l'art pouvait offrir.

Le Petit Astronaute et l'Étoile Brillante - The Little Astronaut and the Shining Star

---

Once upon a time, in a small town nestled near the edge of the galaxy, there lived a young boy named Leo. Leo had always dreamt of exploring the vast expanse of space and discovering the secrets of the universe.

Il était une fois, dans une petite ville nichée près de la limite de la galaxie, vivait un jeune garçon nommé Leo. Leo avait toujours rêvé d'explorer l'immensité de l'espace et de découvrir les secrets de l'univers.

Every night, Leo would gaze at the twinkling stars from his backyard, feeling a deep longing to reach out and touch them. His room was adorned with posters of rockets and galaxies, a constant reminder of his dreams.

Chaque nuit, Leo contemplait les étoiles scintillantes depuis son jardin, ressentant un profond désir de les atteindre. Sa chambre était ornée d'affiches de fusées et de galaxies, un rappel constant de ses rêves.

One clear evening, Leo spotted a particularly bright star in the sky. Its brilliance captivated him, and he couldn't help but wonder if it held the answers to his questions about the universe.

Un soir clair, Leo repéra une étoile particulièrement brillante dans le ciel. Sa splendeur le captiva, et il ne put s'empêcher de se demander si elle détenait les réponses à ses questions sur l'univers.

Driven by curiosity and determination, Leo decided to build his very own spaceship. With his tools and imagination, he transformed his backyard shed into a magnificent vessel capable of traveling through the stars.

Porté par la curiosité et la détermination, Leo décida de construire son propre vaisseau spatial. Avec ses outils et son imagination, il transforma sa remise de jardin en un vaisseau magnifique capable de voyager à travers les étoiles.

As he embarked on his interstellar journey, Leo encountered breathtaking sights and encountered celestial beings. He marveled at the beauty of distant galaxies, walked on alien planets, and learned the secrets of the cosmos.

Au cours de son voyage interstellaire, Leo découvrit des paysages à couper le souffle et rencontra des êtres célestes. Il s'émerveilla devant la beauté des galaxies lointaines, marcha sur des planètes étrangères et apprit les secrets du cosmos.

But the most profound moment came when Leo reached the shining star he had admired from Earth. It welcomed him with warmth and light, revealing itself to be a wise and ancient being.

Mais le moment le plus profond survint lorsque Leo atteignit l'étoile brillante qu'il avait admirée depuis la Terre. Elle l'accueillit avec chaleur et lumière, se révélant être un être sage et ancien.

The star shared knowledge and insights with Leo, filling his heart with a profound understanding of the interconnectedness of all things. Leo realized that the universe was vast, but every part of it played a vital role in the grand tapestry of existence.

L'étoile partagea des connaissances et des idées avec Leo, remplissant son cœur d'une profonde compréhension de l'interconnectivité de toutes choses. Leo réalisa que l'univers était vaste, mais que chaque partie jouait un rôle essentiel dans la grande tapisserie de l'existence.

With newfound wisdom, Leo bid farewell to the star and returned to Earth, carrying the light of the star within him. He shared his experiences with the people of his town, inspiring them to look up at the night sky with wonder and curiosity.

Avec cette nouvelle sagesse, Leo dit au revoir à l'étoile et retourna sur Terre, portant la lumière de l'étoile en lui. Il partagea ses expériences avec les habitants de sa ville, les inspirant à regarder le ciel nocturne avec émerveillement et curiosité.

Le Petit Jardinier et le Secret des Fleurs - The Little Gardener and the Secret of Flowers

Once upon a time, in a cozy village surrounded by lush green fields, lived a young boy named Max. Max had a deep love for nature, and his favorite place in the world was his grandfather's garden.

Il était une fois, dans un village confortable entouré de champs verdoyants, vivait un jeune garçon nommé Max. Max avait un amour profond pour la nature, et son endroit préféré au monde était le jardin de son grand-père.

Max spent his days exploring the garden, tending to the plants, and learning from his wise grandfather. Together, they nurtured a colorful array of flowers that bloomed with vibrancy and filled the air with their sweet fragrance.

Max passait ses journées à explorer le jardin, à s'occuper des plantes et à apprendre auprès de son sage grand-père. Ensemble, ils entretenaient une multitude de fleurs colorées qui s'épanouissaient avec éclat et embaumaient l'air de leur doux parfum.

One sunny morning, as Max watered the flowers, he noticed a small door hidden beneath a bed of roses. Curiosity sparked within him, and he couldn't resist the urge to open it and discover what lay beyond.

Un matin ensoleillé, alors que Max arrosait les fleurs, il remarqua une petite porte dissimulée sous un lit de roses. La curiosité s'éveilla en lui et il ne put résister à l'envie de l'ouvrir et de découvrir ce qui se cachait derrière.

To his astonishment, the door led to a magical world of talking flowers. Each flower had a unique personality and shared its wisdom with Max. They taught him the language of flowers, the secrets of growth, and the importance of harmony in nature.

À son étonnement, la porte menait à un monde magique de fleurs qui parlaient. Chaque fleur avait une personnalité unique et partageait sa sagesse avec Max. Elles lui apprirent le langage des fleurs, les secrets de la croissance et l'importance de l'harmonie dans la nature.

With newfound knowledge, Max became an even better gardener, understanding the needs and desires of each flower. He created a symphony of colors, scents, and textures in his grandfather's garden, where the flowers danced in harmony with one another.

Avec cette nouvelle connaissance, Max devint un jardinier encore meilleur, comprenant les besoins et les désirs de chaque fleur. Il créa une symphonie de couleurs, de parfums et de textures dans le jardin de son grand-père, où les fleurs dansaient en harmonie les unes avec les autres.

As the years passed, Max's garden became renowned far and wide. People would come from near and far to witness the magical beauty that Max had cultivated with love and care.

Au fil des années, le jardin de Max devint renommé dans le monde entier. Les gens venaient de près et de loin pour contempler la beauté magique que Max avait cultivée avec amour et soin.

But amidst the acclaim, Max never forgot the secret world of talking flowers. He would still visit them, seeking their guidance and sharing stories of his adventures in the garden.

Mais parmi les éloges, Max n'oublia jamais le monde secret des fleurs qui parlaient. Il leur rendait toujours visite, cherchant leur guidance et partageant des récits de ses aventures dans le jardin.

And so, the little gardener continued to cultivate not only beautiful flowers but also a deep connection with nature. His garden became a sanctuary where people could not only witness the wonders of nature but also feel its gentle embrace and find solace in its presence.

Et ainsi, le petit jardinier continua à cultiver non seulement de belles fleurs, mais aussi une profonde connexion avec la nature. Son jardin devint un sanctuaire où les gens pouvaient non seulement contempler les merveilles de la nature, mais aussi ressentir son étreinte douce et trouver du réconfort en sa présence.

Le Petit Navigateur et le Trésor Oublié - The Little Navigator and the Forgotten Treasure

Once upon a time, in a coastal village by the shimmering sea, there lived a young boy named Oliver. Oliver had always been fascinated by the vastness of the ocean and dreamt of becoming a skilled navigator, just like his seafaring ancestors.

Il était une fois, dans un village côtier près de la mer scintillante, vivait un jeune garçon nommé Oliver. Oliver avait toujours été fasciné par l'immensité de l'océan et rêvait de devenir un navigateur chevronné, tout comme ses ancêtres marins.

Oliver would spend hours on the beach, studying maps, and listening to the tales of sailors who returned with tales of distant lands and hidden treasures. He longed for his own adventure on the vast blue expanse that lay before him.

Oliver passait des heures sur la plage, étudiant des cartes et écoutant les récits des marins qui revenaient avec des histoires de terres lointaines et de trésors cachés. Il aspirait à vivre sa propre aventure sur l'immensité bleue qui s'étendait devant lui.

One day, while exploring a dusty attic, Oliver discovered an ancient map tucked away in an old chest. The map depicted a secret island rumored to hold a forgotten treasure. Excitement surged through Oliver's veins as he realized this was the opportunity he had been waiting for.

Un jour, alors qu'il explorait un grenier poussiéreux, Oliver découvrit une carte ancienne dissimulée dans un vieux coffre. La carte représentait une île secrète réputée pour abriter un trésor oublié. Une excitation bouillonnait dans les veines d'Oliver alors qu'il réalisait que c'était l'occasion tant attendue.

With the map in hand, Oliver embarked on a daring adventure across the vast ocean. He sailed through stormy seas, navigated treacherous currents, and faced challenges that tested his courage and determination.

Avec la carte en main, Oliver se lança dans une aventure audacieuse à travers l'immensité de l'océan. Il navigua à travers des mers déchaînées, affronta des courants traîtres et fit face à des défis qui mirent à l'épreuve son courage et sa détermination.

After days of searching, Oliver finally arrived at the mysterious island. The lush greenery and towering cliffs welcomed him, whispering tales of the treasure that lay hidden within.

Après des jours de recherche, Oliver arriva enfin sur l'île mystérieuse. La végétation luxuriante et les falaises imposantes l'accueillirent, chuchotant des récits sur le trésor caché à l'intérieur.

With determination in his heart, Oliver followed the clues on the map, overcoming obstacles and solving riddles along the way. And there, beneath a majestic palm tree, he uncovered the forgotten treasure.

Avec détermination dans le cœur, Oliver suivit les indices sur la carte, surmontant les obstacles et résolvant les énigmes en chemin. Et là, sous un palmier majestueux, il découvrit le trésor oublié.

But to Oliver's surprise, the treasure was not gold or jewels. It was a book, filled with the stories and wisdom of past navigators. It contained their adventures, their maps, and their discoveries. It was a treasure trove of knowledge and inspiration.

Mais à la surprise d'Oliver, le trésor n'était ni de l'or ni des joyaux. C'était un livre, rempli des histoires et de la sagesse des navigateurs passés. Il contenait leurs aventures, leurs cartes et leurs découvertes. C'était un trésor de connaissances et d'inspiration.

Filled with gratitude, Oliver realized that the true treasure was not material wealth but the experiences and knowledge gained on his journey. With the book in hand, he returned to his village, eager to share his stories and inspire others to embark on their own adventures.

Rempli de gratitude, Oliver réalisa que le véritable trésor n'était pas la richesse matérielle, mais les expériences et les connaissances acquises au cours de son voyage. Avec le livre en main, il retourna dans son village, désireux de partager ses histoires et d'inspirer les autres à se lancer dans leurs propres aventures.

Le Petit Peintre et le Monde Enchanté - The Little Painter and the Enchanted World

Once upon a time, in a small village nestled at the foot of a majestic mountain range, there lived a young boy named Julien. Julien had a special talent for painting and possessed a vivid imagination that brought his artwork to life.

Il était une fois, dans un petit village niché au pied d'une chaîne de montagnes majestueuses, vivait un jeune garçon nommé Julien. Julien avait un talent particulier pour la peinture et possédait une imagination débordante qui donnait vie à ses œuvres d'art.

Every day, Julien would wander through the village, capturing the beauty of nature with his paintbrush. His paintings were filled with vibrant colors and magical landscapes that transported anyone who gazed upon them to a world of wonder.

Chaque jour, Julien se promenait dans le village, capturant la beauté de la nature avec son pinceau. Ses tableaux étaient remplis de couleurs vibrantes et de paysages magiques qui transportaient quiconque les contemplait dans un monde merveilleux.

One sunny morning, Julien discovered an old paintbrush hidden in the attic of his grandfather's house. It had a mystical aura about it, and he could sense that it held a special power. Eager to unlock its secrets, Julien embarked on a new artistic adventure.

Un matin ensoleillé, Julien découvrit un vieux pinceau caché dans le grenier de la maison de son grand-père. Il dégageait une aura mystique, et Julien pouvait sentir qu'il renfermait un pouvoir spécial. Avide de percer ses secrets, Julien se lança dans une nouvelle aventure artistique.

As Julien painted with the enchanted brush, something magical happened. The colors on the canvas came alive, and Julien found himself stepping into the world he had created with his brushstrokes.

Alors que Julien peignait avec le pinceau enchanté, quelque chose de magique se produisit. Les couleurs sur la toile s'animaient, et Julien se retrouva plongé dans le monde qu'il avait créé avec ses coups de pinceau.

He wandered through lush forests, where talking animals shared their wisdom. He danced with fairies in meadows bathed in golden light. He even swam with mermaids in shimmering seas. Each stroke of his brush unlocked a new adventure, and Julien was filled with joy and wonder.

Il se promena à travers des forêts luxuriantes, où des animaux parlants partageaient leur sagesse. Il dansa avec des fées dans des prairies baignées d'une lumière dorée. Il nagea même avec des sirènes dans des mers scintillantes. Chaque coup de pinceau déclenchait une nouvelle aventure, et Julien était rempli de joie et d'émerveillement.

Word of Julien's magical paintings spread throughout the village, and soon people from far and wide came to witness his incredible talent. They marveled at his ability to bring imagination to life on canvas, and his artwork inspired them to see the world with a fresh perspective.

La nouvelle des tableaux magiques de Julien se répandit dans tout le village, et bientôt des gens de loin affluèrent pour contempler son incroyable talent. Ils s'émerveillaient de sa capacité à donner vie à l'imagination sur toile, et ses œuvres d'art les inspiraient à voir le monde avec un regard neuf.

But deep down, Julien knew that the real magic was not in the brush, but within himself. It was his creativity, passion, and love for art that allowed him to create such extraordinary masterpieces. The enchanted brush was merely a tool that helped him unlock his inner world.

Mais au fond de lui, Julien savait que la véritable magie ne résidait pas dans le pinceau, mais en lui-même. C'était sa créativité, sa passion et son amour pour l'art qui lui permettaient de créer de tels chefs-d'œuvre extraordinaires. Le pinceau enchanté était simplement un outil qui l'aidait à ouvrir les portes de son monde intérieur.

Julien continued to paint, not only for himself but also to inspire others to unleash their own imagination and discover the magic within. His artwork became a bridge between the ordinary and the extraordinary, reminding everyone that the world is filled with endless possibilities if we dare to dream.

Julien continua de peindre, non seulement pour lui-même, mais aussi pour inspirer les autres à libérer leur propre imagination et à découvrir la magie qui est en eux. Ses œuvres d'art devinrent un pont entre l'ordinaire et l'extraordinaire, rappelant à tous que le monde regorge de possibilités infinies si nous osons rêver.

54

Le Petit Chien Aventurier - The Little Adventurous Dog

Once upon a time, in a quaint little village, there lived a curious and adventurous dog named Max. Max loved to explore the world around him, and his insatiable curiosity often led him on exciting journeys.

Il était une fois, dans un charmant petit village, vivait un chien curieux et aventurier nommé Max. Max aimait explorer le monde qui l'entourait, et sa curiosité insatiable le conduisait souvent vers des aventures passionnantes.

One sunny morning, as Max trotted through the village, he stumbled upon a mysterious map. It was old and tattered, with faded markings indicating a hidden treasure deep in the nearby forest.

Un matin ensoleillé, alors que Max trotta à travers le village, il tomba sur une carte mystérieuse. Elle était vieille et déchirée, avec des marques effacées indiquant un trésor caché au fond de la forêt voisine.

Excited by the prospect of a grand adventure, Max decided to follow the map and uncover the secret treasure. With his tail wagging and his paws pounding the ground, he ventured into the dense forest, ready to conquer any challenges that lay ahead.

Excité par la perspective d'une grande aventure, Max décida de suivre la carte et de découvrir le trésor secret. La queue en l'air et les pattes martelant le sol, il s'aventura dans la forêt dense, prêt à affronter tous les défis qui se présenteraient.

As Max journeyed deeper into the forest, he encountered tall trees, babbling brooks, and a chorus of chirping birds. The air was filled with the scent of moss and adventure. Max's heart raced with anticipation.

Au fur et à mesure que Max s'enfonçait dans la forêt, il rencontra de grands arbres, des ruisseaux babillants et un chœur d'oiseaux gazouillant. L'air était empli de l'odeur de la mousse et de l'aventure. Le cœur de Max battait la chamade d'anticipation.

After hours of searching and following the clues on the map, Max stumbled upon a hidden cave. With a bark of excitement, he entered the dark cavern, his tail wagging with anticipation.

Après des heures de recherche et de suivi des indices sur la carte, Max tomba sur une grotte cachée. D'un aboiement enthousiaste, il pénétra dans la caverne sombre, la queue frétillant d'anticipation.

To his amazement, the cave was filled with sparkling jewels, golden coins, and ancient artifacts. It was a treasure beyond his wildest dreams! Max couldn't believe his luck.

À sa grande surprise, la grotte était remplie de joyaux scintillants, de pièces d'or et d'artefacts anciens. C'était un trésor au-delà de ses rêves les plus fous ! Max n'en croyait pas ses yeux.

Mais parmi les richesses scintillantes, Max remarqua un petit collier usé. Il appartenait à un ami perdu depuis longtemps, un compagnon aventurier qui avait disparu à la recherche d'un trésor. Le cœur de Max s'enfonça dans la tristesse.

Se rendant compte que le véritable trésor n'était pas dans la richesse matérielle mais dans l'amitié et les expériences partagées, Max décida de laisser le trésor derrière lui et de se lancer dans une nouvelle mission : retrouver son ami perdu depuis longtemps et poursuivre leurs aventures ensemble.

Avec un esprit déterminé, Max se lança dans une quête pour retrouver son ami, portant les souvenirs de leurs aventures passées dans son cœur. Il savait que le plus grand trésor de tous était le lien qui les unissait.

Et ainsi, le petit chien aventurier, Max, s'aventura dans le monde, prêt à conquérir de nouveaux horizons, à se faire de nouveaux amis et à créer des histoires qui seraient chéries toute une vie.

58

Le Magicien des Étoiles - The Star Magician

Once upon a time, in a small village at the edge of a mystical forest, lived a young girl named Amélie. Amélie was an imaginative and curious child who spent her days exploring the wonders of nature.

Il était une fois, dans un petit village au bord d'une forêt mystique, vivait une jeune fille nommée Amélie. Amélie était une enfant imaginative et curieuse qui passait ses journées à explorer les merveilles de la nature.

One clear night, as Amélie gazed at the twinkling stars, she noticed a shooting star streaking across the sky. She closed her eyes, made a wish, and whispered, "I wish to meet a real star magician."

Une nuit claire, alors qu'Amélie contemplait les étoiles scintillantes, elle remarqua une étoile filante traversant le ciel. Elle ferma les yeux, fit un vœu et chuchota : « Je souhaite rencontrer un véritable magicien des étoiles. »

To her astonishment, a soft glow surrounded her, and the next moment, she found herself standing in a vast, shimmering meadow. Before her stood a wise-looking old man with a long, flowing robe and a twinkle in his eyes.

À sa grande stupéfaction, une douce lueur l'enveloppa et, l'instant d'après, elle se retrouva debout dans une vaste prairie scintillante. Devant elle se tenait un vieil homme sage, vêtu d'une longue robe flottante et ayant une lueur malicieuse dans les yeux.

"I am Silas, the Star Magician," he announced with a warm smile. "You wished to meet me, and here I am. What brings you to the realm of the stars, young Amélie?"

« Je suis Silas, le Magicien des Étoiles », annonça-t-il avec un sourire chaleureux. « Tu as souhaité me rencontrer, et me voici. Que t'amène dans le royaume des étoiles, jeune Amélie ? »

Amélie's eyes widened with excitement as she explained her love for the stars and her desire to learn their secrets. Silas nodded approvingly and extended his hand, revealing a glowing star-shaped pendant.

Les yeux d'Amélie s'élargirent d'excitation alors qu'elle expliquait son amour pour les étoiles et son désir d'apprendre leurs secrets. Silas hocha la tête avec approbation et tendit la main, révélant un pendentif en forme d'étoile qui brillait.

"This pendant holds the power to unlock the language of the stars," Silas said. "Wear it with care, and you will understand their whispers."

« Ce pendentif renferme le pouvoir de déchiffrer le langage des étoiles », dit Silas. « Porte-le avec soin, et tu comprendras leurs murmures. »

Amélie eagerly put on the pendant and felt a surge of energy coursing through her veins. Suddenly, the night sky transformed into a grand celestial stage, where stars danced and shimmered, revealing their secrets to her.

Amélie mit le pendentif avec empressement et sentit une vague d'énergie parcourir ses veines. Soudain, le ciel nocturne se transforma en une grande scène céleste, où les étoiles dansaient et scintillaient, lui révélant leurs secrets.

For days and nights, Amélie immersed herself in the language of the stars, deciphering their patterns and understanding their messages. She became a pupil of the Star Magician, unlocking the wonders of the universe.

Pendant des jours et des nuits, Amélie se plongea dans le langage des étoiles, déchiffrant leurs motifs et comprenant leurs messages. Elle devint l'élève du Magicien des Étoiles, découvrant les merveilles de l'univers.

Armed with newfound knowledge, Amélie returned to her village, sharing stories of the cosmos and igniting the imaginations of her friends and neighbors. Together, they would gaze at the stars, whispering their dreams and connecting with the vastness of the universe.

Armée de ces nouvelles connaissances, Amélie retourna dans son village, partageant des histoires du cosmos et stimulant l'imagination de ses amis et voisins. Ensemble, ils contempleraient les étoiles, chuchotant leurs rêves et se connectant à l'immensité de l'univers.

And so, Amélie, the girl who met the Star Magician, became a beacon of wonder and inspiration, reminding everyone that the beauty of the stars resides within each of us, waiting to be explored and cherished.

Et ainsi, Amélie, la fille qui rencontra le Magicien des Étoiles, devint un phare de merveilles et d'inspiration, rappelant à tous que la beauté des étoiles réside en chacun de nous, attendant d'être explorée et chérie.

www.ingramcontent.com/pod-product-compliance
Lightning Source LLC
Chambersburg PA
CBHW050608160726
48003CB00003B/1094